AUGE Y CAÍDA

GRANDES IMPERIOS QUE HAN DADO FORMA A NUESTRO MUNDO

Peter Allen

LIBSA

CONTENIDO

INTRODUCCIÓN

«Debemos recordar que a lo largo de la historia ha habido tiranos y asesinos que, durante un tiempo, parecían invencibles. Pero al final, siempre caen. Siempre».
Mahatma Gandhi

A lo largo de miles de años, las civilizaciones humanas han pasado de ser pequeñas comunidades dispersas a vastas sociedades interconectadas, cada una con su propia cultura, lengua y modo de vida. A través del comercio, la exploración y la búsqueda de riqueza y poder, algunas de estas sociedades se expandieron hasta convertirse en grandes imperios que abarcaban extensos territorios.

Auge y caída explora las historias de nueve civilizaciones que han tenido una influencia significativa en nuestro mundo. Probablemente algunas nos resulten familiares mientras que otras son menos conocidas, pero igualmente cautivadoras e impactantes. Encontraremos a los aventureros vikingos del norte de Europa, a los poderosos aztecas de Mesoamérica, a los enigmáticos minoicos de la antigua Creta, a los persas de Oriente Próximo, a los vibrantes reinos de Ayutthaya en Tailandia, a los disciplinados guerreros de la era Kamakura en Japón, a los formidables mongoles de las estepas euroasiáticas y a los prósperos imperios de Benín y Mali en África Occidental.

Elegí estas civilizaciones por sus fascinantes historias, sus culturas distintas y su impacto duradero en las regiones que controlaron. A medida que avanzamos en la lectura, descubrimos que surgen patrones comunes: los imperios suelen ser fundados por líderes audaces y carismáticos que equilibran la firmeza con la justicia. Establecen un sistema judicial claro y una red postal para conectar sus vastos territorios. Un gobierno organizado es clave, con regiones locales que se autogestionan, pero responden a un gobernador leal al líder. La mayoría de los grandes imperios adoptaron la diversidad religiosa y étnica para mantener la paz entre los distintos grupos. El intercambio cultural dentro del imperio fomentó el comercio, la riqueza y la estabilidad. Su caída solía deberse a conflictos internos, guerras desacertadas o un uso excesivo de los recursos naturales, lo que provocaba una crisis financiera y de confianza. Siempre hay otro líder esperando su oportunidad al primer signo de debilidad.

Antes de sumergirme en este viaje histórico, quiero hacer un comentario sobre la creación de las ilustraciones. Aunque investigar los acontecimientos históricos es una cosa (gracias al trabajo de innumerables arqueólogos e historiadores), comprender cómo eran aquellos tiempos es otro reto. La fotografía no existía entonces, y gran parte del arte y los registros visuales de estas civilizaciones se han perdido. El proceso de investigación y recopilación de estas imágenes fue fascinante y desafiante a la vez. Las ilustraciones pretenden captar no solo las historias de estas sociedades, sino también cómo era la vida de la gente corriente que vivía en ellas.

¡Debemos prepararnos para un viaje en el tiempo! Esta es una historia de grandeza humana, innovación y creatividad, pero también un cuento con moraleja sobre la fragilidad del poder y cómo incluso el imperio más poderoso puede desmoronarse cuando ese poder se utiliza mal o se da por sentado. Hay mucho que aprender de nuestro pasado. En palabras de Winston Churchill, «cuanto más atrás puedas mirar, más adelante es probable que veas».

Peter Allen

CIVILIZACIÓN MINOICA
(2200-1450 A.C.)

La civilización minoica surgió en la isla de Creta durante la Edad de Bronce. Aunque los arqueólogos han desenterrado palacios y obras de arte notables, todavía hay mucho que desconocemos sobre esta civilización. Esto se debe a que la escritura minoica, conocida como Lineal A, aún no ha sido descifrada, lo que impide que podamos leer los pocos documentos que han sobrevivido.

La palabra «minoico» proviene del mítico rey Minos, quien se cree que gobernó Creta y sus alrededores. Sin embargo, se desconoce cómo se llamaban a sí mismos los minoicos. Los jeroglíficos del antiguo Egipto se refieren a los comerciantes minoicos con el nombre de «Keftiu».

Gran parte de lo que sabemos procede de la excavación de ciudades bien organizadas como Cnosos y Festos. Calzadas pavimentadas, agua corriente y sofisticados sistemas de alcantarillado reflejan una sociedad tecnológica y socialmente avanzada.

Los minoicos eran hábiles navegantes y transportaban sus mercancías a países como Egipto, Chipre, Siria e incluso España. Creta es una isla rica en recursos naturales, aunque no en metales. Los minoicos intercambiaban grano, aceite de oliva, telas y cerámica por metal en bruto, que luego utilizaban para fabricar herramientas y armas.

ARQUITECTURA

La sociedad minoica se organizaba en torno a grandes edificios que los arqueólogos, en un principio, pensaron que eran palacios reales. Construidas en torno a un gran patio, estas vastas estructuras de diseño laberíntico incluían teatros, criptas, baños, sistemas de alcantarillado y almacenes de grano.

En Creta se encontraron cuatro palacios importantes: Festos, Malia, Zakros y el más grande de todos, Cnosos.

Ahora los investigadores creen que, más que residencias reales, estos «palacios» cumplían diversas funciones religiosas, sociales y económicas, y eran accesibles para ciudadanos de distintos rangos.

A diferencia de las griegas, las columnas minoicas eran más estrechas en la base y más anchas en la parte superior. Esto se debía a que estaban hechas de cipreses invertidos para evitar que brotaran.

SOCIEDAD

Se sabe poco sobre la estructura de la sociedad minoica. Las obras de arte minoicas no muestran reyes ni reinas, lo que sugiere que el gobierno estaba en manos de un grupo de familias nobles que residían en palacios y grandes villas. Estas familias recolectaban cosechas y otros bienes, que almacenaban en los palacios para distribuirlos entre la población según las necesidades.

RELIGIÓN

Basándose en las obras de arte halladas en excavaciones, los investigadores creen que los minoicos adoraban a una diosa madre, conocida como la «Gran Madre», y a otras deidades menores.

Uno de los rituales religiosos más representados en el arte minoico es el «salto del toro». En esta práctica, atletas de ambos sexos corrían hacia el toro, se sujetaban a sus cuernos y realizaban una espectacular voltereta sobre su lomo.

9

ARTE

El palacio de Cnosos posee frescos vibrantes que representan rituales religiosos, escenas deportivas y la naturaleza. El estilo pictórico minoico es dinámico, lleno de movimiento y expresión. Al igual que en el arte egipcio, las figuras humanas se representan siempre de perfil. Los artistas minoicos eran admirados en todo el mundo y los artesanos de esta civilización pintaron frescos en lugares tan lejanos como Egipto y Turquía.

La mayoría de las figuras en los frescos son femeninas, lo que lleva a los investigadores a creer que la sociedad minoica era matriarcal y que las mujeres ostentaban la mayor parte del poder.

Los minoicos también producían una exquisita cerámica. Las primeras piezas presentaban motivos abstractos de remolinos y espirales, mientras que las más tardías representaban peces y criaturas marinas, como este impresionante pulpo.

Con el tiempo, la cerámica se refinó aún más. Esta cerámica, conocida como cerámica de Kamarés, se caracterizaba por sus contrastes de luces y sombras. Se fabricaba en torno y tenía paredes tan delgadas como una cáscara de huevo. Se han hallado vasijas minoicas en numerosos lugares, lo que demuestra su gran atractivo.

Creta es una isla volcánica y se han descubierto muchos frescos, cerámica y muebles en perfectas condiciones, conservados por las cenizas de las erupciones volcánicas del siglo XVII a.C. (ver pág. 12).

CAÍDA

Se desconoce con certeza qué causó el declive y la desaparición de la civilización minoica. Sin embargo, alrededor del año 1650 a.C., una gran erupción volcánica sacudió la isla de Thera. Este evento pudo haber causado cambios en los patrones climáticos y provocado malas cosechas. Existen evidencias de que tsunamis arrasaron la región tras la erupción, lo que pudo alterar las corrientes oceánicas y dificultar la navegación minoica.

Poco después de esta interrupción, surgió una nueva amenaza. Los micénicos, griegos del continente, ganaron poder y tomaron el control de muchas de las rutas comerciales minoicas. Hacia el año 1450 a.C., todo apunta a que invadieron Creta.

Durante un tiempo, las tradiciones minoicas y micénicas coexistieron, pero, gradualmente, la cultura minoica fue asimilada por la de sus conquistadores. Para el 1200 a.C., los palacios habían sido abandonados y la civilización minoica se desvaneció en el transcurso del tiempo.

PRIMER IMPERIO PERSA
(550-330 A.C.)

El primer Imperio persa (también conocido como Imperio aqueménida) surgió de un grupo de tribus nómadas que recorrían la meseta iraní. El líder de una de ellas, Ciro II, más tarde conocido como Ciro el Grande, comenzó a conquistar a las tribus vecinas hasta derrotar al poderoso Imperio medo, gobernado por su tío, y tomar sus tierras.

Tras la caída del Imperio medo, los imperios vecinos comenzaron a debilitarse, y Ciro vio nuevas oportunidades para expandirse. Se anexó los territorios de los lidios en el oeste de la actual Turquía, conquistó el Imperio babilónico en lo que hoy es Irak y, finalmente, el Antiguo Egipto.

Babilonia era el centro del saber y la ciencia en el mundo antiguo, y su conquista fue la joya de la corona del emergente Imperio persa.

Tras un breve reinado de su hijo, su sobrino Darío el Grande asumió el poder y expandió aún más el imperio hasta las fronteras de Grecia. El primer Imperio persa se convirtió en el mayor que el mundo antiguo había conocido, extendiéndose desde la actual Bulgaria hasta el noroeste de la India y el sur de Egipto.

El Imperio persa introdujo un sistema unificado de pesos, medidas y moneda para facilitar el comercio entre sus diversos pueblos. También estableció un sistema legal que garantizaba la justicia y el orden en todo el reino.

Tumba de Ciro

Para gobernar un territorio tan extenso, Darío dividió el imperio en provincias, llamadas satrapías, que eran gobernadas por funcionarios imperiales. Unió las satrapías mediante un complejo sistema de carreteras y estableció un servicio postal que permitía un transporte y una comunicación ágiles a lo largo del vasto imperio. Los gobernadores recaudaban tributos de cada provincia, y los fondos se destinaban a la construcción de nuevas carreteras y otras obras públicas, lo que hacía al imperio cada vez más eficiente, rico y estable.

Darío construyó una carretera de 2 400 km que iba desde Susa, en el centro de Persia, hasta Sardis, en la costa del mar Egeo. Este 'camino real' contaba con puntos de descanso diseminados para los viajeros cansados.

RELIGIÓN

Uno de los factores más importantes del éxito del Imperio persa fue su tolerancia religiosa. Ciro y Darío I practicaban el zoroastrismo, una religión fundada por el profeta Zoroastro, que es una de las religiones monoteístas más antiguas del mundo y sigue practicándose en algunas regiones de Irán e India.

Los zoroastrianos creen en un dios benévolo, Ahura Mazda, quien se enfrenta a una fuerza destructiva conocida como Angra Mainyu. Su lugar de culto se llama 'templo del fuego' y siempre cuenta con un altar de fuego encendido.

Una religión monoteísta cree en un solo dios.

Aunque Darío I era devoto de su fe, permitió la diversidad religiosa en todo el imperio, no impuso sus creencias ni su lengua a los pueblos que gobernaba, lo que ayudó a mantener la estabilidad y cohesión del imperio. De hecho, promovió activamente el intercambio cultural y el aprendizaje entre las diversas poblaciones bajo su dominio. Este periodo, caracterizado por la paz y estabilidad en el imperio, se conoce a veces como la *Pax persica* o Paz persa.

PERSÉPOLIS

Con la riqueza de su enorme imperio, Darío emprendió algunos grandes proyectos de construcción.

El mayor de ellos fue la nueva capital ceremonial, Persépolis, que se convirtió en un símbolo del poder persa.

Este vasto complejo de piedra, construido sobre un afloramiento natural de caliza, albergaba varios palacios, una sala del trono, una sala de audiencias y un harén para las mujeres de la corte. El complejo estaba sostenido por majestuosas columnas de piedra, decoradas con intrincados detalles. Por todo el complejo se encontraban esculturas de piedra que representaban a Darío y sus sucesores gobernando con sabiduría y paz.

El complejo estaba lleno de innumerables escaleras y puertas ornamentadas. La entrada principal, conocida como la Puerta de Todas las Naciones, simbolizaba la inclusión de todos los pueblos del imperio. Estaba custodiada por un par de enormes figuras de piedra, los toros lamassu, con cabeza humana, cuerpo de toro y alas de ave.

Se cree que en el palacio se celebraba el Nowruz, el Año Nuevo persa, una de las festividades más importantes del imperio. Los nobles acudían con regalos al rey, una tradición representada en los relieves de piedra que adornan las paredes del palacio.

ARTE Y CULTURA

Los antiguos persas crearon arte en diversas formas, como la metalistería, los tejidos, las tallas rupestres y la cerámica. A medida que el imperio se expandía, las influencias de Mesopotamia, Egipto y otras culturas contribuyeron a la creación de nuevos y diversos estilos artísticos.

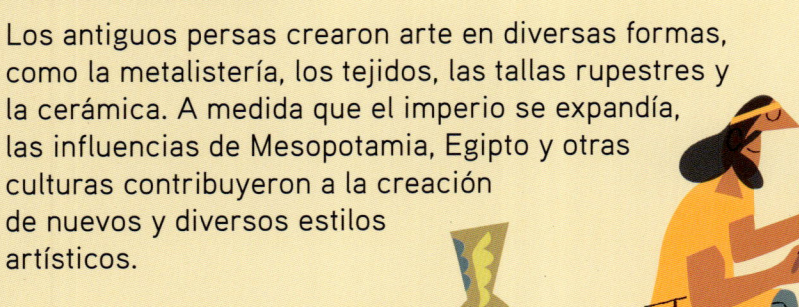

Naqsh-e Rostam es una antigua necrópolis que alberga las tumbas de cuatro importantes reyes persas, entre ellos Darío y su hijo Jerjes. Cuenta con impresionantes relieves de piedra tallada que representan guerreros a caballo y escenas de victorias en batallas. También contiene una inscripción escrita por Darío, en la que se enumeran los territorios que conquistó.

El tejido de alfombras persas era famoso en todo el mundo antiguo por sus elaborados diseños, ricos en detalles, y sus vivos colores.

Los persas desarrollaron una escritura conocida como escritura cuneiforme persa, que se utilizaba para las inscripciones oficiales. Desempeñó un papel crucial en la administración del imperio y ha sido una valiosa fuente de datos sobre su cultura. Uno de los hallazgos arqueológicos más importantes fue el Cilindro de Ciro. Este cilindro de arcilla contiene inscripciones que detallan la conquista de Babilonia por Ciro y describen su política de tolerancia religiosa, que le granjeó admiración tanto en su tiempo como en la posteridad.

CAÍDA

El Imperio persa fue el principal rival de las polis griegas y libraron varias guerras que marcaron el destino de ambas civilizaciones. Los persas habían conquistado varias islas del mar Jónico, y en el 498 a.C., con el apoyo de Atenas, las ciudades jónicas, bajo dominio persa, se rebelaron. Los persas tardaron cuatro años en sofocar esta rebelión, consolidando su control sobre la región.

El hijo de Darío, Jerjes I, tomó represalias organizando dos invasiones costosas y a gran escala en Grecia. En el 480 a.C., su ejército logró derrotar a los espartanos en la famosa batalla de las Termópilas y destruir gran parte de Atenas, incluida la Acrópolis. Sin embargo, los griegos lograron resistir, uniéndose en una coalición, y un año después, el ejército persa fue derrotado en la batalla de Platea.

El imperio quedó debilitado por esta derrota, y los sucesores de Jerjes se enfrentaron a nuevas revueltas internas y a la pérdida de territorios. Egipto se separó brevemente del imperio, pero fue reconquistado bajo el reinado de Artajerjes I. Las luchas intestinas en la corte eran frecuentes, y dos reyes, Artajerjes II y su hermano, fueron asesinados en rápida sucesión debido a las intrigas palaciegas. Se aumentaron los impuestos para financiar las guerras, lo que provocó disturbios civiles en varias regiones del imperio.

Alejandro Magno, rey de Macedonia y con grandes ambiciones de conquista, observó el debilitamiento del Imperio persa. En el 334 a.C., decidió vengar la invasión persa de Grecia. Tras un largo asalto, finalmente logró derrotar al ejército persa y conquistar el imperio. Al tomar Persépolis, la capital ceremonial, Alejandro Magno la arrasó en castigo por el incendio de la Acrópolis de Atenas. Sin embargo, se dice que más tarde lamentó la destrucción de tan espléndido monumento.

Los avances del Imperio persa en infraestructuras, administración, tolerancia religiosa y la gestión de un ejército numeroso y profesional, sentaron las bases para el éxito de los imperios posteriores.

La Batalla de la Puerta Persa, librada en las montañas a las afueras de Persépolis en el año 330 a.C., fue crucial para la caída del Imperio persa. El ejército persa, a pesar de estar en inferioridad numérica, mantuvo a raya a los macedonios durante un mes. Sin embargo, Alejandro Magno, utilizando una astuta táctica de sorpresa, descubrió un camino oculto y derrotó a los persas por la retaguardia.

VIKINGOS (800-1050 D.C.)

Los vikingos, guerreros, exploradores y comerciantes, provenían de lo que hoy son Dinamarca, Noruega y Suecia. Durante más de 300 años, los vikingos fueron el terror del norte de Europa, asaltando y saqueando pueblos tan al sur como Francia y, en ocasiones, cruzando el océano hacia lo que hoy conocemos como Norteamérica.

Los vikingos eran expertos navegantes. Sus embarcaciones de madera, estrechas y ligeras, estaban diseñadas para alcanzar gran velocidad y permitir incursiones rápidas. Sus dos extremos puntiagudos les permitían avanzar y retroceder sin necesidad de girar. Además, sus cascos poco profundos les permitían acercarse a la costa sin necesidad de fondear. Contaban con una vela para aprovechar el viento y remos para propulsarse cuando este no soplaba.

Las puntas de las embarcaciones solían estar esculpidas con formas de dragón. A menudo, se les conocía como «barcos dragón».

A lo largo de la embarcación, se alineaban unos 40 asientos con remos. Los soldados vikingos remaban al unísono, alcanzando velocidades de hasta 30 km/h.

Gracias a estos barcos, los vikingos podían realizar ataques sorpresa desde prácticamente cualquier zona costera. Se deslizaban sigilosamente en una bahía al amanecer, sorprendiendo a los aldeanos que aún dormían. Los guerreros conocidos como «berserkers» se hicieron legendarios por su frenética furia en la batalla, sembrando el terror entre todos aquellos que se cruzaban en su camino. Solían atacar monasterios e iglesias, que a menudo estaban desprotegidos... y llenos de tesoros. Saqueaban sus objetivos, mataban a todo aquel que se interpusiera y llevaban a los esclavos a sus tierras. Los cautivos, conocidos como «esclavos», constituían una de las mercancías más importantes de los vikingos.

CONQUISTAS

A medida que los vikingos aumentaban su riqueza y confianza, su interés se desplazaba de las incursiones hacia la conquista de tierras y el establecimiento de colonias. En 865, los vikingos daneses comenzaron a conquistar varios reinos de Inglaterra. Los ingleses lograron expulsar a los daneses en 954, pero estos regresaron y gobernaron de nuevo entre 1016 y 1035.

Más al sur, los vikingos ocuparon el norte de Francia, donde su líder, Rollo, alcanzó un acuerdo con el rey francés Carlos III. A cambio de tierras, Rollo aceptó detener sus ataques, convertirse al cristianismo y reconocer a Carlos como su gobernante. Rollo llevó consigo a muchos compatriotas escandinavos para colonizar la región.

Estos vikingos franceses pasaron a llamarse normandos, es decir, hombres del norte.

Hacia el oeste, los vikingos no solo se detuvieron en Gran Bretaña. En Irlanda, fundaron reinos importantes como Dublín, Limerick y Waterford. Luego, los vikingos noruegos cruzaron el océano para establecerse en Islandia. En 982, Erik el Rojo desembarcó en la costa de Groenlandia, donde fundó una colonia. Su hijo, Leif Eriksson, llegó aún más lejos, hasta el extremo norte de Terranova (actual Canadá), realizando una asombrosa proeza de navegación.

Hacia el este, los vikingos atacaron y saquearon las costas del mar Báltico, adentrándose por el río Volga hacia lo que hoy son Rusia, Bielorrusia y Ucrania. El nombre de Rusia proviene de la palabra nórdica «rus», que significa «hombres de los remos», haciendo referencia a los vikingos que viajaban en embarcaciones.

No está del todo claro por qué los vikingos querían expandir su territorio. Algunos creen que esta expansión se debió a que los vikingos poderosos tenían múltiples esposas, lo que obligaba a otros a viajar lejos en busca de riqueza y mujeres.

RELIGIÓN Y MITOLOGÍA

Los vikingos eran paganos y veneraban a dioses guerreros, como Thor, el dios del trueno, y Odín, quien presidía el Valhalla, el paraíso de los guerreros. La muerte en combate era la única forma de acceder al Valhalla, lo que explicaba la temeridad de los vikingos en el campo de batalla.

Los guerreros vikingos eran enterrados con todo lo necesario para su viaje al Valhalla, como dinero, ropa, armas e incluso barcos. Algunas mujeres, igual que los hombres, luchaban y recibían sepultura como guerreras.

Las Islendingasogur son sagas que narran historias relacionadas con los islandeses y sus ancestros. Estas sagas relatan heroicos viajes vikingos, así como enemistades entre familias islandesas.

Los vikingos, grandes narradores por excelencia, transmitían sus historias de aventuras, dioses y héroes, que se siguen contando hoy en día.

SOCIEDAD

En sus hogares, los vikingos eran agricultores y vivían en comunidades conocidas como «ting», asambleas locales donde se resolvían disputas y se tomaban decisiones colectivas. No existía un único rey, sino que cada región era gobernada por jefes locales que, junto con asambleas de terratenientes, tomaban las decisiones. Cada año, tras la siembra o la cosecha, un vikingo podía unirse a una expedición guerrera para luchar y saquear, regresando luego a su tierra.

Además de saquear, los vikingos eran grandes comerciantes que transportaban esclavos, pieles, madera, ámbar y hierro a través de los mares, llegando a tierras tan lejanas como Oriente Próximo, donde intercambiaban estos productos por plata, seda y especias.

CAÍDA

En el siglo XI, el modo de vida de los vikingos comenzó a transformarse. En lugar de seguir siendo pequeños feudos en conflicto, los territorios de Escandinavia se estabilizaron y se unificaron bajo un solo rey. Suecia, Dinamarca, Noruega e Islandia se consolidaron como países definidos, y poco a poco, todos adoptaron el cristianismo, influenciados por misiones y la conversión de los líderes.

Las tierras europeas, por su parte, se volvieron más organizadas en términos de gobierno y defensa. Los poderosos ejércitos locales se prepararon para resistir los feroces, pero desorganizados, ataques vikingos. Incluso se construyeron monasterios con torres fortificadas, que facilitaron su defensa. Además, la Iglesia prohibió el comercio de esclavos cristianos, lo que redujo uno de los incentivos más importantes para las incursiones vikingas.

Una invasión fallida de Inglaterra en 1066 marcó el fin de la era vikinga. Las incursiones cesaron gradualmente, y el pueblo dejó de ser conocido como «vikingos» para ser identificado más bien como daneses, suecos, noruegos e islandeses.

Lo que perduró de la cultura vikinga fue absorbido por la Europa cristiana. Sin embargo, los topónimos de Inglaterra, Escocia y Rusia aún conservan la huella de sus conquistadores vikingos.

SHOGUNATO KAMAKURA
(1192-1333 D.C.)

Los samuráis eran guerreros japoneses encargados de proteger las tierras de los nobles. Seguían un estricto conjunto de reglas conocido como «bushido», que significa «el camino del guerrero». Según el bushido, la valentía, la lealtad y el honor prevalecían sobre la propia vida. Si un samurái era deshonrado tras perder una batalla, debía suicidarse por vergüenza.

El «seppuku», también llamado «hara-kiri», era un suicidio ritual que se llevaba a cabo clavándose una espada corta en el abdomen, asegurando una muerte lenta y dolorosa.

Los samuráis lideraban batallones de guerreros y, con el tiempo, fueron adquiriendo cada vez más poder. En 1185, un samurái llamado Minamoto no Yoritomo tomó el control militar de Japón. En 1192, el emperador lo nombró «shogun», un título antiguo que significaba «comandante supremo». Aunque por ley el emperador mantenía el control del país, Yoritomo se convirtió en el verdadero gobernante, relegando al emperador a un rol puramente ceremonial.

Yoritomo gobernó el país como el comandante militar que era. Nombró a los «shugo» (alguaciles) y «jito» (administradores de distrito) en todas las provincias de Japón. Estos dependían de él, lo que permitió la creación de una estructura de poder estable.

Los samuráis portaban una armadura llamada «haramaki», fabricada con hierro y cuero.

La espada samurái, conocida como «katana», tiene una hoja curva de un solo filo y una empuñadura larga. La «nagamaki», por su parte, cuenta con una empuñadura aún más extensa. Se creía que la katana albergaba el alma del samurái.

Los samuráis eran fundamentales para mantener el orden. Recibían tierras a cambio de su servicio militar y recaudaban impuestos de los campesinos que trabajaban esas tierras, lo que les permitió amasar poder y riqueza, desplazando así la autoridad de la antigua aristocracia.

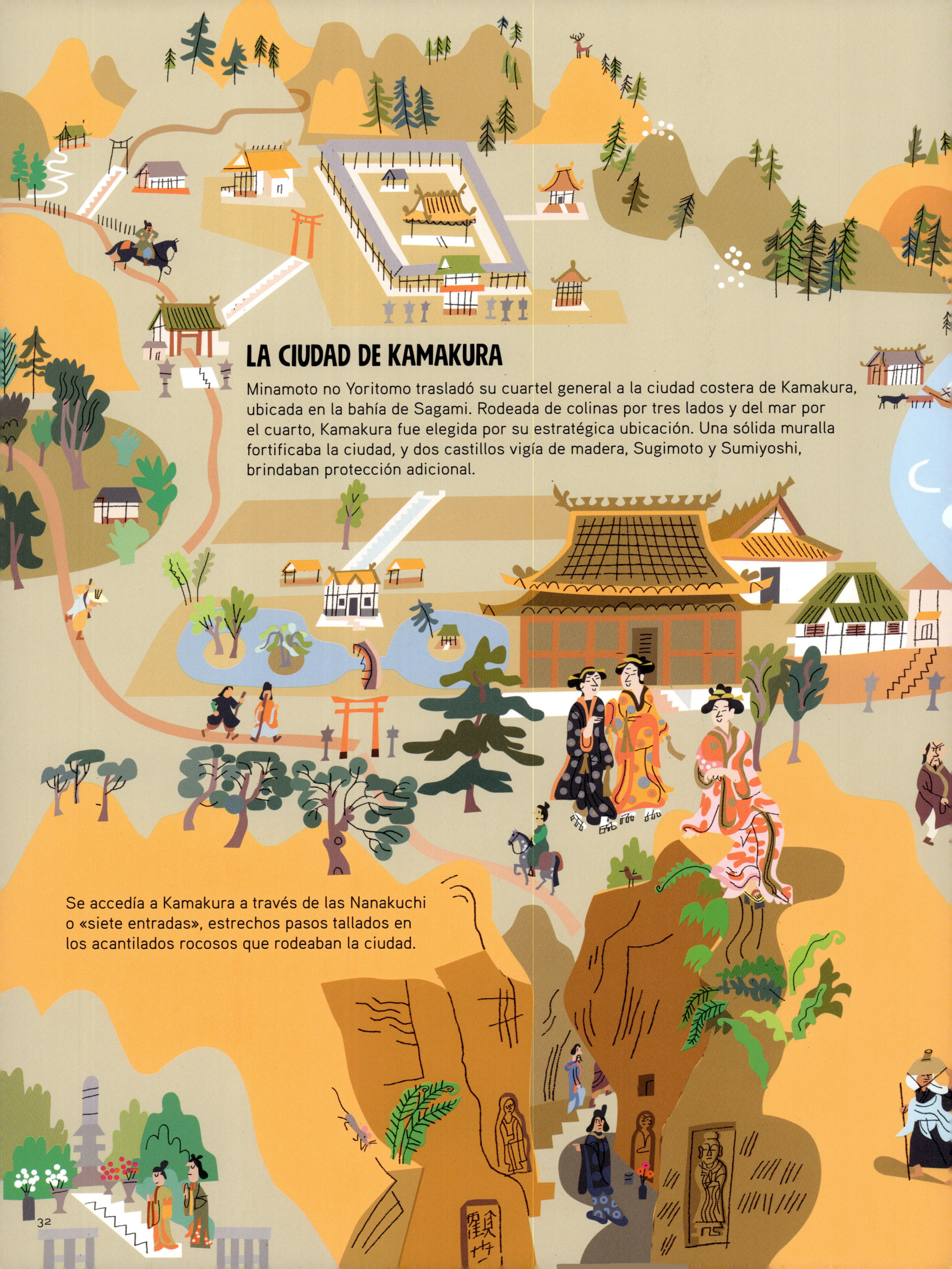

LA CIUDAD DE KAMAKURA

Minamoto no Yoritomo trasladó su cuartel general a la ciudad costera de Kamakura, ubicada en la bahía de Sagami. Rodeada de colinas por tres lados y del mar por el cuarto, Kamakura fue elegida por su estratégica ubicación. Una sólida muralla fortificaba la ciudad, y dos castillos vigía de madera, Sugimoto y Sumiyoshi, brindaban protección adicional.

Se accedía a Kamakura a través de las Nanakuchi o «siete entradas», estrechos pasos tallados en los acantilados rocosos que rodeaban la ciudad.

Se construyó un nuevo puerto para fomentar el comercio con China. Se intercambiaban oro, mercurio, abanicos y madera por sedas, perfumes, porcelana, té y monedas de cobre chinas.

En 1274 y 1281, los mongoles intentaron invadir Japón. Bajo el mando de Kublai Kan, las fuerzas mongolas superaban en número a las japonesas. Sin embargo, gracias a una combinación de violentos tifones, valentía samurái y fuerza naval, las invasiones fueron repelidas, lo que incrementó la confianza tanto de los samuráis como del pueblo que gobernaban.

Se creía que los tifones que destruían los barcos mongoles eran enviados por los dioses y se les conocía como «kamikaze», los vientos sagrados.

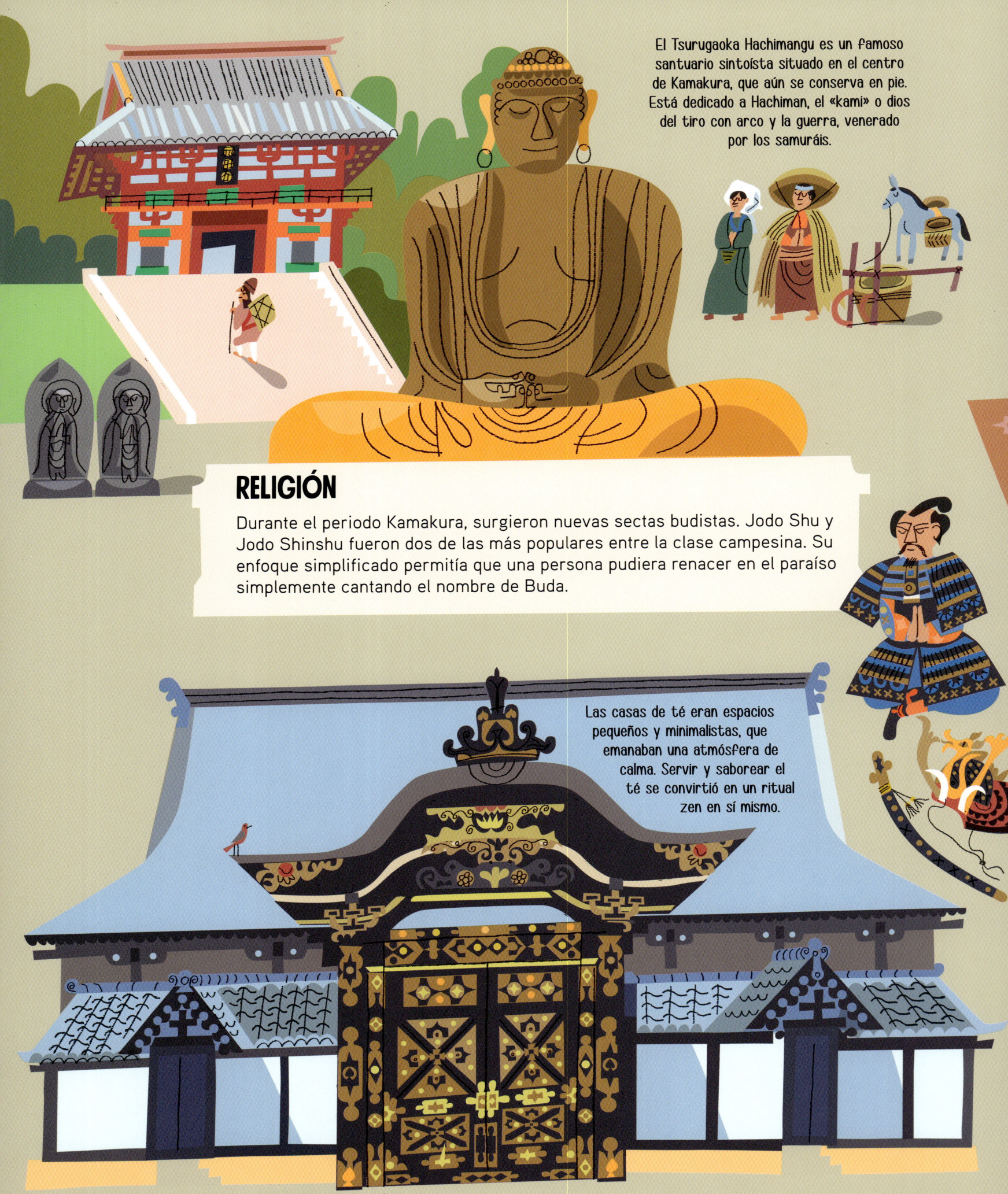

El Tsurugaoka Hachimangu es un famoso santuario sintoísta situado en el centro de Kamakura, que aún se conserva en pie. Está dedicado a Hachiman, el «kami» o dios del tiro con arco y la guerra, venerado por los samuráis.

RELIGIÓN

Durante el periodo Kamakura, surgieron nuevas sectas budistas. Jodo Shu y Jodo Shinshu fueron dos de las más populares entre la clase campesina. Su enfoque simplificado permitía que una persona pudiera renacer en el paraíso simplemente cantando el nombre de Buda.

Las casas de té eran espacios pequeños y minimalistas, que emanaban una atmósfera de calma. Servir y saborear el té se convirtió en un ritual zen en sí mismo.

El budismo zen también gozó de gran popularidad. Se centraba en la disciplina y la meditación, lo que lo vinculaba estrechamente con la filosofía bushido de los samuráis. La ceremonia del té japonesa nació como una forma de que las clases nobles se involucraran en las prácticas zen.

ARTE Y ARQUITECTURA

Se construyeron nuevos templos, siendo Kencho-ji uno de los monasterios zen más importantes, cuyo diseño estuvo influenciado por los monjes chinos que huyeron de las invasiones mongolas en China. En el arte, surgieron nuevas formas de pintura a tinta y caligrafía. En el teatro, se popularizó el «sangaku», una forma originaria de China que combinaba actuaciones de músicos, bailarines y acróbatas.

A la antigua aristocracia le gustaban las formas artísticas ornamentadas y complejas, mientras que la nueva clase guerrera prefería un arte y teatro más directos, honestos y simplificados.

Minamoto no Sanetomo, el tercer shogun, era un gran defensor de las artes y también escribió poesías como esta:

Oscuridad lluviosa:
Y a la luz incierta,
Un ruiseñor,
Emergiendo de un pico lejano,
Canta al acercarse.

CAÍDA

Tras la muerte de Minamoto no Yoritomo, su viuda, Hojo Masako, y su padre, Hojo Tokimasa, asumieron el control e instalaron al joven hijo de Yoritomo, Minamoto no Yoriie, como shogun títere. Cuando Yoriie alcanzó la mayoría de edad, intentó arrebatarle el poder a su madre. Durante las décadas siguientes, los shogunes se sucedieron, y muchos asesinatos ocurrieron como resultado de las tensiones entre los distintos clanes samuráis.

A las luchas internas por el poder se sumaron las tensiones económicas derivadas de las costosas guerras con los mongoles. En 1333, el emperador Go-Daigo, que hasta entonces había desempeñado un papel meramente ceremonial, lideró una rebelión contra el debilitado shogun.

Aunque al principio tuvo éxito, la rebelión duró poco. Ashikaga Takauji, un poderoso samurái, se volvió contra Go-Daigo y estableció el shogunato Ashikaga en 1336, marcando el fin del periodo Kamakura y el inicio del periodo Muromachi. Los shogunes continuaron gobernando Japón durante los 500 años siguientes.

El shogunato Kamakura dejó una huella duradera en la cultura japonesa. El poder de los shogunes y los samuráis perduró hasta 1868, y sus filosofías del budismo zen y el bushido siguen influyendo en la vida japonesa actual.

REINO DE BENÍN
(1200-1897 D.C.)

El reino de Benín (también conocido como el Imperio edo) floreció durante más de 600 años en las selvas tropicales del actual sur de Nigeria.

Benín no tiene ninguna relación histórica con la moderna República de Benín, conocida hasta 1975 como Dahomey.

El reino de Benín surgió del reino de Edo, que estaba al borde del colapso. Los ancianos de Edo pidieron ayuda a su vecino, el rey de Ife. Hacia 1200, el rey nombró a su nieto, Eweka, primer Oba o rey de Benín. Durante los 200 años siguientes, Benín creció en riqueza y poder.

Hacia 1400, Benín alcanzó una edad de oro. El duodécimo Oba, Ewuare el Grande, fue un gobernante justo y poderoso. Conquistó tierras fértiles al oeste del río Níger y reconstruyó la ciudad de Benín, excavando fosos y construyendo grandes bulevares y un majestuoso palacio.

La madre del Oba también era una figura poderosa, conocida como Iyoba.

Ewuare era el Oba cuando llegaron los exploradores portugueses en 1472. Los portugueses quedaron impresionados al encontrar una ciudad grande y bien organizada en medio de la jungla africana. Las dos naciones comenzaron a comerciar entre sí, intercambiando marfil, pimienta, aceite de palma y esclavos capturados en las naciones vecinas por latón, monedas de cobre y armas.

Pronto, otras naciones europeas, incluida Gran Bretaña, comenzaron a comerciar con Benín. Gracias a las nuevas riquezas, el imperio creció de manera exponencial. En su apogeo, en el siglo XVI, el pueblo Edo controlaba toda la costa, desde el delta occidental del Níger, pasando por la actual Lagos, hasta el reino de Gran Accra (actual Ghana).

ARQUITECTURA

La ciudad de Benín fue descrita por los exploradores portugueses como una de las más bellas del mundo. Por sus calles rectas y bien planificadas, mucho antes de la llegada del alumbrado público a Europa, enormes lámparas de metal alimentadas con aceite de palma la iluminaban por la noche.

A su alrededor y el de las aldeas circundantes, se alzaban enormes murallas de tierra llamadas «iya». Los «iya», cuidadosamente construidos y mantenidos, se extendían a lo largo de 15 km alrededor de la ciudad de Benín y otros 16 000 km en la selva tropical. Se ha escrito que, en total, las murallas eran cuatro veces más largas que la Gran Muralla china y utilizaban cien veces más material que la mayor de las Grandes Pirámides.

Como descendiente de un dios, se creía que el Oba poseía poderes mágicos. Vivía rodeado de lujos en el interior de la corte real y rara vez salía de ella.

El palacio del Oba era la joya de la corona de la ciudad de Benín. Se trataba de un complejo de magníficos edificios que descansaban sobre pilares de madera, cada uno decorado con una torreta coronada por un pájaro de cobre. El exterior estaba adornado con miles de elaboradas placas de latón que representaban escenas de grandes batallas, rituales religiosos y la vida en la corte. Muchas de estas placas mostraban imágenes de los portugueses de los siglos XVI y XVII.

ARTE

Dentro del palacio se encontraba una gran variedad de bellas obras de arte. Hábiles metalistas crearon elaboradas placas y esculturas de latón, siendo las más apreciadas las cabezas de tamaño natural de los Obas e Iyobas. Estos objetos llegaron a conocerse como los Bronces de Benín (aunque, en realidad, estaban hechos de latón, no de bronce).

El latón solo podía utilizarse en la corte real, ya que se creía que tenía poderes sagrados para ahuyentar el mal.

El coral era considerado un regalo de Olokun, el dios del mar. Los jefes llevaban collares de coral y, en ocasiones especiales, el Oba se vestía completamente con él.

VIDA

No se sabe mucho sobre la vida cotidiana de los plebeyos, pero se cree que la mayoría vivía en aldeas dentro de la selva tropical. Construían casas de madera y hojas de palmera, y cultivaban verduras en pequeños claros. Los hombres jóvenes solían entrenarse como cazadores, destacando entre ellos los de elefantes. Otros servían como soldados en el ejército del Oba.

El marfil simbolizaba pureza y fuerza. Junto al trono del Oba, se encontraron colmillos de marfil tallados.

Los Edo veneraban a muchos dioses. Algunos, como Ogiuwu, el dios de la muerte, exigían sacrificios humanos para ser apaciguados. El sacrificio humano se utilizaba en otras ceremonias y rituales durante todo el año.

El leopardo era un símbolo del Oba. En el interior del palacio había leopardos vivos y numerosas esculturas de leopardos.

CAÍDA

En 1700, estalló una guerra civil en Benín, y las luchas internas entre la élite gobernante debilitaron el reino.

Aunque el reino se recuperó brevemente, sufrió un nuevo declive cuando, a principios del siglo XIX, se prohibió el comercio de esclavos. Aprovechando la debilidad del reino, algunos territorios lograron separarse.

El Oba siempre había mantenido un control estricto sobre el comercio con Europa, pero conforme la situación empeoraba, estos controles se volvieron aún más severos, con impuestos más altos sobre las mercancías. Los británicos se opusieron, ya que querían seguir explotando los ricos recursos naturales del reino.

En 1897, una delegación británica encabezada por James Robert Phillips fue enviada a negociar con el Oba. La delegación llegó a la capital vestida con uniforme militar, una amenaza velada de lo que ocurriría si el Oba no cooperaba. Ofendido, el Oba ordenó atacar a la delegación y matar a todos sus miembros.

El aceite de palma y el caucho eran recursos de gran valor para los británicos.

Los británicos tomaron represalias enviando un batallón militar de 1 200 hombres. Prendieron fuego al palacio, que se extendió rápidamente, destruyendo grandes franjas de la ciudad. Lo que quedaba de Benín fue absorbido por la Nigeria colonial británica. Cualquier intento de rebelión en el otrora poderoso imperio fue sofocado con mano de hierro.

Los tesoros del palacio fueron saqueados y vendidos a coleccionistas de todo el mundo. El pueblo de Nigeria ha pedido la devolución de los Bronces de Benín. Algunos museos de Gran Bretaña y Alemania han accedido a devolver las esculturas.

IMPERIO MONGOL
(1206-1368 D.C.)

El pueblo mongol era un grupo de tribus nómadas que habitaban las estepas (praderas) de la actual Mongolia y el norte de China. A principios del siglo XIII, un joven y carismático líder llamado Temüjin logró crear una serie de alianzas estratégicas y unió a las diferentes tribus bajo su mando. Durante este periodo, las condiciones inusualmente cálidas y húmedas de la estepa propiciaron una gran abundancia de ganado y caballos. Los mongoles eran jinetes y arqueros excepcionales, y la combinación de unidad tribal, prosperidad y caballos los convirtió en una fuerza militar de alcance mundial. Temüjin adoptó el nombre de Gengis Kan, que significa «líder universal».

Gengis Kan tuvo una infancia difícil. Los tártaros rivales envenenaron a su padre cuando él tenía ocho años y su familia fue expulsada de la tribu. Kan sobrevivió cazando y buscando alimento.

Una yurta, o ger, es una tienda redonda y portátil, tradicionalmente utilizada como vivienda por los pastores nómadas de la estepa mongola.

Gengis Kan vivió en una yurta durante todo su reinado, rechazando las comodidades de un palacio.

Kan era un líder hábil y un guerrero formidable. Recompensaba la lealtad, sin importar la clase social, poniendo a sus seguidores al mando de unidades militares y compartiendo el botín de las victorias.

A través de una compleja red de espías, Kan investigaba a fondo a sus enemigos para diseñar estrategias de ataque creativas, enfocándose en puntos débiles específicos. A veces recurría a tormentas de flechas o a tácticas de asalto y retirada. En otras ocasiones, empleaba asedios y la guerra psicológica para derrotar a sus rivales.

Si una nación se rendía pacíficamente, Gengis Kan imponía su dominio, pero en la mayoría de los casos la dejaba tranquila. Si una nación se resistía, Kan la castigaba con dureza, saqueando sus ciudades, masacrando a los civiles y esclavizando a los soldados.

Se estima que unos 40 millones de personas perdieron la vida durante las conquistas mongolas. La población de China e Irán sufrió un drástico descenso durante los reinados de Gengis Kan y sus sucesores.

Su reputación se extendió tan rápido como sus conquistas. El simple nombre de Gengis Kan sembraba tal terror que las naciones se rendían tan pronto como sabían que se dirigía hacia ellas. El Imperio mongol creció cada vez más en tamaño y poder.

EXPANSIÓN

Tras la muerte de Gengis Kan en 1227, sus sucesores continuaron la expansión del imperio. Dos generaciones después de Gengis Kan, el Imperio mongol alcanzó su mayor tamaño. Se dividió en cuatro ramas principales:

LA DINASTÍA YUAN

El nieto de Gengis Kan, Kublai Kan, conquistó China en 1271 y fundó la dinastía Yuan (también conocida como el Imperio del Gran Kan). Esta fue la rama más significativa del imperio. Representó la primera vez en la historia que China fue gobernada por una potencia extranjera.

EL KANATO CHAGATAI

Gobernado por Chagatai Kan, hijo de Gengis Kan, esta rama dominó Asia Central, que incluye los territorios actuales de Uzbekistán, Tayikistán y partes de Afganistán. Se mantuvo más fiel a las tradiciones nómadas mongolas que cualquiera de las otras ramas. Las yurtas siguen siendo comunes en muchas de estas regiones.

A diferencia de su abuelo, Kublai Kan no vivía en una yurta. Contaba con un magnífico palacio de verano de mármol llamado Shangdu (también conocido como Xanadú) en los límites de la estepa mongola.

LA DINASTÍA ILJÁNIDA

Hulagu Kan gobernó esta rama del imperio. En 1258, lideró un ejército mongol hacia Oriente Medio y saqueó la cosmopolita ciudad de Bagdad, lo que provocó el colapso del califato islámico. Hulagu Kan expandió su territorio hasta Siria, Irán y partes de Turquía.

LA HORDA DE ORO

La cuarta rama del imperio se dirigió hacia el oeste, adentrándose en Europa oriental. Bajo el liderazgo de Batú Kan, las hordas mongolas saquearon lo que hoy es Kiev y conquistaron partes de Rusia y Hungría.

A mediados del siglo XIII, los mongoles habían formado el imperio contiguo más grande del mundo, que abarcaba la impresionante cifra de 20 millones de km², el doble del tamaño del Imperio romano en su apogeo.

INNOVACIONES

Gobernar un territorio tan vasto no era tarea fácil. Era necesario integrar diversas identidades culturales y religiosas. Para administrar esta población diversa, los mongoles emplearon un sistema de gobierno flexible. Aunque los mongoles ocupaban los cargos más altos, los funcionarios locales se encargaban de los asuntos cotidianos. Un código legal conocido como Yassa, establecido por Gengis Kan, fijaba normas claras sobre impuestos, servicio militar y gobierno.

La comunicación era clave para mantener el control. El Yam era un sistema postal compuesto por una serie de estaciones de relevo. Un jinete llevaba un mensaje escrito hasta una estación y lo entregaba a otro jinete, quien continuaba su viaje hacia la siguiente estación, situada entre 30 y 60 km de distancia. Una carta enviada desde China podía llegar a Tabriz, en Irán, a 10 000 km de distancia, en aproximadamente un mes.

Los mensajeros gozaban de gran respeto y privilegios especiales. Se esperaba que los ciudadanos dieran prioridad al Yam sobre sus demás obligaciones y responsabilidades.

El último factor que contribuyó al éxito del Imperio mongol fue su tolerancia. Aunque su religión era el chamanismo, se permitían otras creencias y lenguas, lo que convirtió al imperio en un mosaico de culturas que coexistían pacíficamente.

CAÍDA

Desde su apogeo a mediados del siglo XIII, el Imperio mongol experimentó un declive gradual. Esto fue principalmente consecuencia de los conflictos internos generados por las luchas de poder entre los numerosos hijos, nietos y bisnietos de Gengis Kan.

Algunas campañas militares fallidas, especialmente las guerras contra Japón en 1274 y 1281 (ver p. 36), erosionaron la confianza y la temida reputación de los mongoles.

El vasto tamaño del imperio ejerció una gran presión sobre sus recursos. Sin un liderazgo claro, resultaba complicado mantener el control sobre una población tan diversa. Las comunicaciones fallaron y las líneas de suministro se vieron interrumpidas.

La peste negra, una pandemia que arrasó Eurasia a meciados del siglo XIV, terminó por devastar sociedades y economías, desatando el pánico generalizado y disturbios. Con el tiempo, las potencias vecinas aprovecharon la situación.

En 1368, la dinastía Yuan fue derrotada por la dinastía Ming. En 1502, los rusos derrotaron a la Horda de Oro. El Kanato de Chagatai perduró hasta 1687. Finalmente, el vasto Imperio mongol se redujo al territorio original de Mongolia.

EL IMPERIO DE MALI
(1226-1670 D.C.)

El Imperio de Mali, en África occidental, fue fundado en 1235 por el carismático guerrero del pueblo malinke, Sundiata Keita (también conocido como el Rey León). Keita unificó varias tribus y derrocó al poderoso reino de Sosso, apoderándose de sus tierras y controlando las valiosas rutas comerciales transaharianas.

Las caravanas de camellos cruzaban el desierto del Sahara transportando bienes valiosos desde las selvas tropicales del sur hasta los poderosos estados del norte de África, que luego los intercambiaban con Europa y otras regiones.

Con un ejército formidable, Sundiata conquistó las ricas tierras auríferas de Bondu y Bambuk, al sur. También se apoderó de regiones con importantes depósitos de sal, un bien muy codiciado en la época. Así, el imperio acumuló rápidamente una enorme riqueza.

En algunas partes de África, la sal llegaba a ser más valiosa que el oro. Se extraía en grandes losas y se transportaba a través del desierto en caravanas de camellos.

La Carta de Manden de Sundiata Keita fue una de las primeras declaraciones de derechos humanos en el mundo. Transmitida oralmente a lo largo de generaciones, esta carta establecía principios como la tolerancia, la libertad de expresión y comercio, la abolición de la esclavitud y la prioridad de la educación.

Tras la muerte de Sundiata, una serie de Mansas o reyes gobernaron el imperio. El más poderoso de todos fue Mansa Musa, quien ascendió al trono en 1312. Carismático y astuto, Musa amplió el territorio del imperio y se consolidó como una figura clave en el comercio de África.

Mansa Musa

MANSA MUSA

Mansa Musa era un musulmán devoto y, en 1324, realizó la hajj (peregrinación islámica) a La Meca, ciudad natal del profeta Mahoma. Lo acompañaban 60 000 hombres, 12 000 esclavos, 100 elefantes, 400 camellos y una cantidad incalculable de bolsas de oro. Fue un espectáculo impresionante.

A principios del siglo XIV, Mali controlaba la mitad del oro conocido en el mundo.

Musa repartió tanto oro entre los peregrinos y mendigos que encontró en su camino que, al llegar a El Cairo, el valor del oro cayó un 20 %. La economía egipcia tardó 12 años en recuperarse.

Se le considera el hombre más rico de la historia. Se estima que su fortuna actual equivaldría a 400 000 millones de dólares.

Mansa Musa duplicó el territorio del Imperio de Mali, que se extendió por lo que hoy son Guinea, Senegal, Mauritania y Gambia, alcanzando más de 12 000 km².

La hajj de Musa atrajo la atención tanto del mundo islámico como del cristiano. El cartógrafo español Cresques Abraham lo incluyó en el Atlas Catalán, un recurso muy utilizado por los exploradores europeos. En la ilustración, Musa aparece con una corona de oro y sosteniendo oro en la mano. Muchos exploradores partieron en busca de la legendaria ciudad de Tombuctú y las riquezas que prometía.

Tombuctú tenía una ubicación estratégica con acceso tanto al río Níger como al desierto del Sahara. Las riquezas fluían a través de la ciudad, que se convirtió en un crisol cultural.

Musa intentó hacer del islam la religión de la nobleza, aunque no la impuso al resto de la población. Sabía leer y escribir en árabe y estableció estrechos lazos con el mundo islámico, especialmente con Marruecos. Uno de sus proyectos más ambiciosos fue la Universidad de Sankore en Tombuctú, un importante centro de enseñanza islámica que albergaba a 25 000 estudiantes y contaba con una biblioteca de más de un millón de manuscritos, la mayor de África.

ARQUITECTURA

Durante su hajj, Mansa Musa conoció a un poeta, erudito y arquitecto andalusí llamado Abu Ishaq al-Sahili. A cambio de grandes cantidades de oro, Musa logró convencerlo de que regresara con él, y juntos emprendieron un ambicioso proyecto para embellecer las ciudades y diseñar numerosos edificios impresionantes, entre ellos la majestuosa mezquita de Djinguereber en Tombuctú.

La mezquita de Djinguereber cuenta con altas torres, minaretes y enormes puertas de madera. Está construida con banco, un material compuesto de tierra compactada mezclada con cáscaras de maíz.

La mezquita de Djinguereber sigue en pie hoy en día, aunque las sequías e inundaciones repentinas hacen que requiera un mantenimiento constante. Cada año, al final de la temporada de lluvias, voluntarios se dedican durante una semana a reparar el banco.

MÚSICA Y RELATOS

Los griots son músicos y narradores que ocupan un lugar muy respetado en la cultura de Mali. Relatan leyendas sobre familias nobles y eventos históricos, transmitiéndolos de generación en generación. Sundiata Keita tuvo un griot llamado Balla Fasséké, quien no solo lo aconsejaba en su gobierno, sino que también compuso *La epopeya de Sundiata*, un relato que aún se cuenta en la actualidad.

CERÁMICA Y ESCULTURA

La cerámica tallada era muy popular en Mali, tanto para el uso doméstico como en rituales funerarios. Aunque el islam se extendió por el país, coexistió con numerosas creencias paganas, y muchas esculturas de arcilla se utilizaban en prácticas religiosas.

CAÍDA

Tras la muerte de Mansa Musa en 1337, su incompetente hijo ascendió al trono, pero fue rápidamente derrocado por su tío Suleyman en 1341. La muerte de Mansa Suleyman en 1360 marcó el fin de la edad dorada de Mali y el comienzo de su lento declive. Le sucedieron una serie de mansas débiles, lo que generó luchas internas y un clima de inestabilidad.

Con el tiempo, comenzaron a abrirse nuevas rutas comerciales en otras regiones de África. Los portugueses establecieron rutas marítimas a lo largo de la costa occidental africana, lo que hizo que Mali perdiera el control exclusivo del comercio entre África occidental y el Mediterráneo.

El idioma mandinka, hablado por la clase gobernante del imperio, sigue siendo utilizado por millones de personas en África occidental en la actualidad.

Los mansas recurrieron cada vez más a la violencia para mantener el control, lo que llevó a muchos líderes locales a cambiar su lealtad hacia reinos vecinos. A principios del siglo xv, los ataques de los tuareg y los mosi debilitaron aún más el imperio y, en 1468, los songhai tomaron el control de Tombuctú. En 1599, Mansa Mahmud IV hizo un último intento de recuperar el poder en la región, enfrentándose a las tropas marroquíes en Djenné. Sin embargo, fue rápidamente derrotado por los marroquíes, mejor armados, y Mali quedó reducido a un conjunto de jefaturas que acabaron siendo absorbidas por el Imperio marroquí.

EL IMPERIO AZTECA
(1300-1521 D.C.)

Los aztecas eran originarios de una región del noroeste de México llamada Aztlán. Eran cazadores nómadas y feroces que se dirigieron hacia el sur en busca de nuevas tierras, hasta llegar finalmente a la ciudad de Tula, en el centro de México. Tula era la capital del poderoso pueblo tolteca, al que los aztecas derrotaron rápidamente. Tras arrasar la ciudad, decidieron construir su nueva capital cerca de sus ruinas.

El término «azteca» significa «el pueblo de Aztlán», aunque ellos se referían a sí mismos como el pueblo «mexica». Su lengua era el náhuatl.

Según la leyenda, los fundadores de la ciudad recibieron una señal de los dioses: un águila con una serpiente en el pico, posada sobre un cactus en medio del lago Texcoco. En este lugar, los aztecas fundaron su nueva capital, Tenochtitlán, en 1325. La ciudad fue construida sobre una isla artificial en el centro del lago y se conectaba con el continente mediante varias calzadas.

Además, desarrollaron un innovador sistema de cultivo basado en la construcción de chinampas, plataformas flotantes creadas con el rico cieno del fondo del lago. Este método les permitió cosechar durante todo el año maíz, frijoles, aguacates, tomates y algodón en abundancia.

Gracias a la abundancia de alimentos y productos comerciales, los aztecas pudieron financiar y alimentar un ejército en constante crecimiento, lo que les permitió aumentar aún más su poder. En la década de 1420, los aztecas se unieron a dos estados vecinos y, juntos, expandieron su territorio de manera implacable, conquistando más de 200 000 km² de tierra y gobernando a más de seis millones de personas.

El emperador azteca residía en un vasto palacio blanco con 300 habitaciones, que incluían bibliotecas, almacenes, talleres y un zoológico.

Tenochtitlán creció hasta convertirse en una ciudad bulliciosa con 300 000 habitantes, cuyas grandes plazas y mercados atraían a comerciantes de todo México. Una red de canales atravesaba la ciudad, permitiendo que las canoas transportaran mercancías hacia los asentamientos en la orilla del lago. Alimentos, cerámica, oro, jade, turquesa y prisioneros de guerra fluían hacia el centro de la ciudad. Los aztecas no utilizaban dinero, por lo que todo el comercio se realizaba mediante trueque.

El agua potable llegaba a la ciudad a través de un sistema de acueductos.

Las únicas ciudades más grandes que Tenochtitlán eran París y Constantinopla.

RELIGIÓN

La religión era el núcleo de la vida azteca. Contaban con cientos de dioses, entre los más importantes Huitzilopochtli, dios de la guerra; Tonatiuh, dios del sol; Tláloc, dios de la lluvia; y Quetzalcóatl, la serpiente emplumada.

Los aztecas creían que los dioses habían sacrificado sus vidas para crear el mundo y que los humanos debían pagar esa deuda con sangre. Los prisioneros de las tierras recién conquistadas eran ofrecidos en sacrificio a los dioses, y los sacerdotes realizaban el derramamiento ritual de sangre durante los días sagrados del calendario azteca. Cualquier persona, sin importar su clase social, podía ser elegida como víctima.

TEMPLO MAYOR

Tenochtitlán albergaba cientos de templos, siendo el Templo Mayor (Huei Teocalli en náhuatl) el más grande. Según la tradición, se construyó en el mismo lugar donde apareció el águila con la serpiente.

Construido en 1325 y ampliado durante el siguiente siglo, el templo era una maravilla de ingeniería y diseño. Una enorme pirámide escalonada de piedra estaba coronada por dos templos, dedicados a Huitzilopochtli y Tláloc. Esta estructura representaba el universo como un equilibrio de fuerzas opuestas: vida y muerte, día y noche.

Durante la dedicación del templo, se sacrificaron 4 000 cautivos. Ataviados con elaborados trajes de plumas, los sacerdotes llevaban a cabo un ritual en el que abrían el pecho de las víctimas, les extraían el corazón palpitante y empujaban los cuerpos escaleras abajo, cubriendo los peldaños de la pirámide con sangre.

Un «tzompantli» era una estructura de madera destinada a exhibir los cráneos humanos de los cautivos de guerra y las víctimas sacrificadas.

Los edificios que rodeaban la pirámide contenían alojamientos para los sacerdotes y una cancha de pelota sagrada, donde se jugaba al «tlachtli», una especie de baloncesto. Los jugadores golpeaban una pelota de caucho sólido con las caderas, rodillas y codos, tratando de introducirla por un pequeño aro de piedra. Este juego tenía un profundo significado religioso, y los perdedores eran generalmente sacrificados a los dioses.

El festival de Tlacaxipehualiztli era particularmente sangriento. Los sacerdotes sacrificaban a un cautivo, luego le desollaban y utilizaban su piel para simbolizar la «nueva piel» que recubría la Tierra durante la primavera.

CÓDICE AZTECA

Sabemos mucho sobre la cultura azteca gracias a los códices, que son manuscritos ilustrados (a los libros de este tipo se les llama códices). Estos manuscritos estaban hechos de largas hojas de papel de corteza de higuera, sobre las cuales se pintaban escenas de los rituales y la vida cotidiana azteca.

Moctezuma II fue el noveno emperador azteca. Era un guerrero de familia noble y también desempeñaba el cargo de sacerdote principal en el Templo Mayor. Tenía toda una biblioteca de códices, la mayoría de los cuales fueron destruidos por los invasores españoles (ver p. 68). Un códice que ha sobrevivido, hecho después de la llegada de los españoles, muestra la historia de Tenochtitlán, la llegada de los españoles, la derrota de Moctezuma y la introducción del cristianismo.

LA PIEDRA DEL SOL

La Piedra del Sol es una célebre representación del Calendario Azteca, que constituía un elemento fundamental tanto de la religión como de la vida cotidiana azteca. Al igual que los mayas, los aztecas empleaban un sistema complejo para medir el tiempo, basado en dos calendarios interrelacionados: uno civil y otro religioso. El calendario civil constaba de 365 días, organizados en 18 meses de 20 días cada uno, con 5 días adicionales que se consideraban de mal augurio. Por su parte, el calendario religioso seguía un ciclo lunar de 260 días, que marcaba una serie de rituales y festivales.

Cada 52 años, ambos calendarios coincidían en el inicio de un nuevo ciclo. Para conmemorar este acontecimiento, se celebraba la «Ceremonia del Fuego Nuevo», en la que se extinguían todos los fuegos del mundo y, posteriormente, se reavivaban con un nuevo fuego sagrado, encendido dentro del pecho de una víctima sacrificada.

CAÍDA

El Imperio azteca alcanzaba su máximo esplendor a principios del siglo XVI. El emperador Moctezuma II había conquistado numerosos estados vecinos y reclutado a sus habitantes para reforzar el ejército azteca, lo que aumentaba considerablemente su poder. Sin embargo, además de servir como soldados, las naciones sometidas debían pagar tributos humanos para ser sacrificados en el Templo Mayor, lo que generaba gran resentimiento y descontento entre los pueblos conquistados.

En 1519, el conquistador español Hernán Cortés arribó a las costas del sureste de México con unos 500 hombres. Estableció una base en Veracruz, donde rápidamente ganó el favor de tribus locales descontentas, entre ellas los tlaxcaltecas y los totonacas.

Al entrar Cortés en Tenochtitlán, fue recibido inicialmente por Moctezuma II, quien lo consideró la encarnación del dios de piel clara, Quetzalcóatl. Sin embargo, tras apresar a Moctezuma, las fuerzas aztecas, numéricamente superiores a las españolas, lograron expulsar rápidamente a las tropas de Cortés.

Seis meses después, en mayo de 1521, Cortés intentó de nuevo capturar Tenochtitlán. Su ejército, reforzado por tropas tlaxcaltecas y con armamento más avanzado, contó sin embargo con un factor decisivo: la propagación de enfermedades europeas, contra las cuales las poblaciones indígenas no tenían inmunidad.

Un monje franciscano que acompañaba a Cortés observó el devastador impacto de la viruela en los aztecas: «Morían a montones... En muchos lugares, sucedió que todos los miembros de una casa murieron, y como era imposible enterrar a la gran cantidad de muertos, derribaron las casas sobre ellos, convirtiéndolas en tumbas.» En solo un año, la viruela redujo la población de Tenocht tlán en un 40 %.

Usando barcos traídos por partes y reconstruidos localmente, Cortés sitió la ciudad. En agosto de 1521, sus tropas rompieron las defensas aztecas y destruyeron Tenochtitlán, arrasando el Templo Mayor. Sobre sus ruinas se fundó la Ciudad de México, que se convirtió en el centro del Imperio español en América.

REINO DE AYUTTHAYA
(1350-1767 D.C.)

El reino de Ayutthaya, a veces llamado Siam, comenzó como un pequeño asentamiento en una isla en el río Chao Phraya, en lo que hoy es Tailandia. La ubicación era estratégica: estaba lo suficientemente alejada de las inundaciones y las invasiones, pero permitía un fácil acceso a tres ríos importantes, conectando las rutas comerciales entre Oriente y Occidente.

El primer rey de Ayutthaya fue un rico comerciante llamado U-Thong, conocido más tarde como el rey Ramathibodi. Político astuto, estableció rutas comerciales con reinos vecinos, expandiendo su territorio y, finalmente, conquistando el otrora poderoso Imperio Khmer, en lo que hoy es Camboya.

Uno de los mayores logros de Ramathibodi fue crear el sistema legal siamés en 1350, que se basaba en los códigos legales de China e India. Este sistema se mantuvo sin cambios hasta el siglo XIX.

Como rey, Ramathibodi era considerado poseedor de poderes divinos. Incluso a los miembros de su familia se les prohibía mirarlo a los ojos.

El Theravada, que significa «el camino de los mayores», es una de las dos principales escuelas del budismo. Sus seguidores creen que es la forma original de la religión y que sus enseñanzas provienen directamente de Buda.

Aunque Ramathibodi adoptó el budismo Theravada, convirtiéndolo en la religión oficial del reino, también fue tolerante con otras culturas y religiones, lo que hizo que el reino fuera muy estable.

EDAD DE ORO

La ciudad de Ayutthaya creció hasta convertirse en una de las más grandes y cosmopolitas del mundo. Comerciantes de China, India, Persia, Francia, Portugal y los Países Bajos se reunían allí para hacer negocios, trayendo consigo sus propias culturas e ideas. Los siglos XV y XVI son considerados la edad de oro de Ayutthaya.

Los exploradores y comerciantes de esta época describieron Ayutthaya como una de las maravillas del mundo. La ciudad estaba organizada en una cuadrícula de canales, calles y fosos, lo que le dio la reputación de ser «la Venecia del Este». En su apogeo, la población de la ciudad superaba el millón de habitantes. ¡Londres, en comparación, no era más que un pequeño y sucio pueblo de unos 100 000 habitantes!

El reino fue conocido por la producción de productos de lujo, incluidos cerámica fina, textiles y metales preciosos. Las fértiles llanuras de arroz que rodeaban Ayutthaya se cultivaban utilizando nuevas tecnologías de riego que no solo apoyaban a su creciente población, sino que también proporcionaban una valiosa mercancía para el comercio.

Una serie de líderes fuertes gobernaron durante este período. Establecieron alianzas tanto con potencias vecinas como con naciones europeas, jugando hábilmente con sus aliados y rivales en su propio beneficio. Los intentos de los holandeses y luego de los franceses de tomar el control de las rutas comerciales fueron astutamente frustrados.

La mayor amenaza para el reino provino del vecino Imperio birmano, que intentó invadir periódicamente.

Tanto los siameses como los birmanos usaban elefantes blindados en la batalla. En su apogeo, Ayutthaya contaba con más de 4 000 elefantes de guerra.

ARQUITECTURA

La arquitectura de Ayutthaya fue una maravilla.
Estos templos sagrados no solo eran lugares de culto,
sino también centros de arte, cultura y educación.

Wat Phra Si Sanphet es uno de los templos
más significativos que sobreviven. Construido
dentro del complejo del palacio real en el
siglo XIV, cuenta con tres chedis, que son agujas
cónicas esculpidas. En su interior, una vez se
encontraba una gran estatua de Buda cubierta
con unos 170 kg de oro macizo.

Otro templo famoso es Wat Mahathat, que era un centro de aprendizaje budista. Su torre central, o «prang», representa el monte Meru, una montaña sagrada que se dice que está en el centro del universo. Wat Mahathat también es conocido por su escultura de una cabeza de Buda envuelta en las raíces de un árbol de banyan.

Todos los edificios estaban decorados con murales elaborados que reunían los estilos de Japón, China, India, Persia y Europa.

75

CAÍDA

A finales del siglo XVIII, hubo muchos conflictos entre las familias nobles de Ayutthaya, y estas batallas internas hicieron que el reino se volviera inestable. Los gobernadores locales, que habían sido bien tratados, ahora fueron despojados de muchos de sus poderes y comenzaron a rebelarse. Un mal liderazgo militar dificultaba sofocar las rebeliones.

En 1765, el ejército birmano atacó el reino de Ayutthaya desde dos frentes. En 1766, se concentraron en la ciudad de Ayutthaya y la sitiaron. Después de 14 meses, los birmanos cavaron túneles bajo las enormes murallas de la ciudad y prendieron fuego debajo de ellas. Finalmente, las murallas colapsaron y Ayutthaya se rindió.

La ciudad fue incendiada y saqueada, y miembros de la familia real fueron capturados. La cosmopolita ciudad de Ayutthaya fue reducida a cenizas; sus bibliotecas saqueadas y sus esculturas de oro robadas por la «imparable máquina militar birmana». Sin la familia real, Siam cayó en la anarquía y la guerra civil, y nunca se recuperó.

GLOSARIO

ALEJANDRO MAGNO Rey macedonio y genio militar que creó uno de los imperios más grandes de la historia antes de los 32 años. Nacido en 356 a.C., conquistó el Imperio persa, Egipto y partes de la India. Sus campañas extendieron la cultura e influencia griega, dando forma al mundo helenístico durante siglos.

BARCOS LARGOS Un barco vikingo que tenía ambos extremos puntiagudos con un casco plano, lo que lo hacía muy rápido y maniobrable. El ingenioso diseño era esencial para las incursiones sorpresa de los vikingos en pueblos costeros de Europa.

BRONCES DE BENÍN Una colección de placas, estatuas y artefactos elaboradamente tallados en latón que representan la historia, la realeza y el patrimonio del reino de Benín. Fueron saqueados cuando Benín cayó en 1896 y ahora se encuentran en museos de todo el mundo. Nigeria ha solicitado que sean devueltos.

BUDISMO ZEN Originario de China y floreciente en el Japón Kamakura, el budismo zen enfatiza la autodisciplina, la meditación y vivir en el momento presente, para que los practicantes puedan encontrar paz interior e iluminación.

BUSHIDO Un estricto conjunto de reglas seguido por los samuráis, que priorizaba el honor, la valentía y la obediencia a su líder. Un samurái que perdía en batalla a menudo se suicidaba por no haber cumplido con su deber.

CILINDRO DE CIRO Un cilindro de arcilla del siglo VI a.C., encontrado en las ruinas de la antigua ciudad de Babilonia. En él hay una inscripción persa que alaba a Ciro el Grande y describe su entrada pacífica en la ciudad y su enfoque tolerante hacia la diversidad cultural y religiosa.

CIRO EL GRANDE El fundador del primer Imperio persa en 550 a.C., conquistó vastos territorios, incluida Babilonia. Sus políticas de respeto por las costumbres y religiones locales le ganaron una reputación como gobernante justo y estadista pionero.

CÓDICE AZTECA Manuscritos antiguos creados por los aztecas, utilizando pictogramas y símbolos para registrar su historia, religión y cultura.

DARÍO EL GRANDE El tercer rey del primer Imperio persa, Darío el Grande, gobernó desde 522 hasta 486 a.C. Expandió el imperio, reformó la administración, construyó un camino real de 2 400 km e inició la construcción de Persépolis, una gran capital ceremonial.

ERIK EL ROJO Explorador y colonizador nórdico que, tras ser desterrado de Islandia, fundó las primeras colonias vikingas en Groenlandia.

GENGIS KAN El primer Gran Kan del Imperio mongol, conocido por su brillantez estratégica y brutalidad. Unió las tribus mongolas y conquistó vastas extensiones de tierra, construyendo uno de los imperios más grandes que el mundo haya conocido.

HERNÁN CORTÉS Conquistador español que lideró la expedición que resultó en la caída del Imperio azteca. Se alió con tribus locales y capturó Tenochtitlán en 1521.

HOJO MASAKO Conocida como la 'Shoguna monja', Hojo Masako fue la viuda de Minamoto no Yoritomo. Se instaló como regente, tomando el control del shogunato para el clan Hojo.

KUBLAI KAN El quinto Gran Kan, Kublai Kan (nieto de Gengis Kan) expandió el Imperio mongol, conquistó la China Song y fundó la Dinastía Yuan. La fusión de las culturas mongola y china influyó profundamente en la historia de Asia.

MANSA MUSA Un emperador maliense del siglo XIV que fue uno de los hombres más ricos que jamás haya existido. Un musulmán devoto, financió la construcción de grandes mezquitas y transformó Tombuctú en un centro de erudición islámica.

MEZQUITA DJINGUEREBER Construida en Tombuctú, Mali, en 1327, y aún en pie hoy, esta mezquita es una obra maestra arquitectónica hecha de barro compactado llamado banco. Es un símbolo de la erudición islámica.

MINAMOTO NO YORITOMO Un militar japonés, Yoritomo fue el primer shogun de Japón, relegando al emperador a una figura ceremonial. Bajo su mandato, los samuráis surgieron como una clase dirigente y las ideas del bushido y el budismo zen se difundieron por la región.

MOCTEZUMA II El noveno emperador del Imperio azteca, que reinó de 1502 a 1520. Expandió el territorio del imperio, pero se enfrentó a la conquista española liderada por Hernán Cortés. Inicialmente acogió a los españoles, pero luego fue capturado y asesinado, lo que llevó a la caída del Imperio azteca.

PALACIO DE CNOSOS El más antiguo y grande de todos los palacios minoicos. Hecho de piedra, tenía 1300 habitaciones decoradas con hermosos frescos. Se cree que sirvió a muchos propósitos religiosos y económicos para el pueblo minoico.

PERSÉPOLIS La capital ceremonial del primer Imperio persa. Su gran complejo palaciego fue una proeza de ingeniería, con grandes salas y entradas majestuosas. Fue destruida por Alejandro Magno en el 330 a.C.

REY RAMATHIBODI Fundador del reino de Ayutthaya, Ramathibodi unificó varios estados siameses, introdujo un código legal y promovió el budismo Theravada, sentando las bases de un gran poder en el sudeste asiático.

SAMURÁI La clase militar élite del Japón feudal, conocida por su estricto código de honor disciplina y maestría en las artes marciales. Servían a sus señores con lealtad inquebrantable, manejando espadas como la katana con destreza incomparable.

SUNDIATA KEITA Fundador del Imperio de Mali en el siglo XIII, Sundiata Keita unió al pueblo malinke, derrotó a los gobernantes de Sosso y colocó a Mali en el centro del comercio y la cultura de África Occidental.

TEMPLO MAYOR Un masivo templo en forma de pirámide escalonada en el corazón de la capital azteca, dedicado a los dioses Huitzilopochtli y Tláloc. Aquí se realizaban rituales importantes, incluidos sacrificios humanos, para aplacar a los dioses.

YAM El sistema postal del Imperio mongol fue una vasta red de estaciones de relevo y mensajeros montados establecidos por Genghis Kan. Permitió una comunicación eficiente a través del imperio y fue crucial para la rápida expansión y control de los mongoles.

YASSA El código legal de Gengis Kan, unificando el Imperio mongol bajo un conjunto estricto de leyes. Hacía hincapié en la lealtad, la disciplina y la justicia, cubriendo todo, desde la conducta militar hasta el comportamiento social, y ayudó a mantener el orden y la cohesión a través del vasto territorio mongol.

FSC
www.fsc.org
100%
Procedente de
bosques sostenibles
FSC® C188667

© 2026, Editorial Libsa
C/ Puerto de Navacerrada, 88
28935 Móstoles (Madrid)
Tel. (34) 91 657 25 80
e-mail: libsa@libsa.es
www.libsa.es

ISBN: 978-84-662-4507-4

Derechos exclusivos para todos los países de habla española.

Traducción: María Herrero Prado
Título original: *RISE AND FALL: Great empires that shaped the world*
by Peter Allen
© 2025, Cicada Books Limited, London
Derechos negociados a través de Ute Körner Literary Agent – www.uklitag.com

DL: M 12297-2025

Para Freya, diosa del amor, la belleza y la magia.